Made in the USA
Monee, IL
31 July 2021

74666731R00062